TOUT SAVOIR SUR LE SPITZ ALLE-MAND

I

II

TOUT SAVOIR SUR LE SPITZ ALLEMAND

Mon Ami Le Chien

Saphira Eiger

Sommaire

VI

FICHE D'IDENTITÉ

NOM OFFICIEL :   Deutscher Spitz

AUTRES NOMS :   Petit Spitz, Spitz Moyen, Grand Spitz

PAYS D'ORIGINE :   Allemagne

CLASSIFICATION :

Groupe :   5 — Chiens de type Spitz et de type primitif

Section :   4 — Spitz Européens

CARACTÉRISTIQUES :

Taille de la femelle :   24 à 50 cm

Poids de la femelle :   4 à 18 kg

Taille du mâle :   24 à 50 cm

Poids du mâle :   4 à 18 kg

Longévité :   12 à 16 ans

FCI: 1957

AKC :   1996

KC :   OUI

UKC :   2006

La Fédération Cynologique Internationale (**FCI**) est une organisation internationale basée en Belgique, comptant comme membres les institutions nationales de 98 pays. C'est, de loin, l'association canine la plus importante au niveau mondial.

L'American Kennel Club (**AKC**) est la principale association canine des États-Unis, et le seul registre gratuit du pays. Non affiliée à la FCI, elle a cependant une portée internationale.

The Kennel Club (**KC**) est l'association canine officielle du Royaume-Uni et c'est aussi la plus ancienne (elle fut créée en 1873). Peu influente sur le plan international, son histoire et son prestige font qu'elle est cependant très respectée.

L'United Kennel Club (**UKC**) est un registre canin basé aux États-Unis important en Amérique du Nord, mais peu suivi dans le reste du monde.

SES ORIGINES

Les origines du Spitz Allemand sont floues, mais son histoire étant intrinsèquement liée à celle d'autres spitz européens, notamment le Volpino Italien, mais aussi à celle d'Eskimo Américain.

Des restes de chiens de type spitz datant de 6000 ans ont été retrouvés un peu partout en Europe centrale, et il est communément admis que ce sont les ancêtres des Spitz Allemands. Les premières références à ces derniers datent du milieu du 15e siècle et sont le fait du comte Eberhart zu Sayn, originaire de la Poméranie. Cette région côtière de la mer Baltique est située de nos jours à cheval entre l'Allemagne et la Pologne.

Il y était alors utilisé comme chien à tout faire, capable notamment de conduire les troupeaux, de surveiller la ferme et donner l'alerte à la venue d'un inconnu, de chasser un lapin pour que la famille ait un peu de viande à manger, ou encore d'éliminer les rats et souris qui s'attaquaient aux réserves de provisions.

À partir du 18e siècle, les bateliers du Rhin furent séduits par les spécimens de plus grande taille, qu'ils développèrent pour donner naissance au Keeshond. La royauté et l'aristocratie anglaise adoptèrent également ce chien à la fin du 18e siècle et tout au long du 19e, mais favorisèrent au contraire les individus de petite taille destinés à la compagnie ; ils en vinrent ainsi à créer le Loulou de Poméranie.

Entre ces deux extrêmes en termes de gabarit, le Spitz Allemand, qu'il soit Petit, Moyen ou Grand, se fit une place dans de nombreux foyers, aussi bien en tant que chien de travail qu'animal de compagnie.

Il rencontra également un franc succès aux États-Unis au 19ᵉ siècle, lorsque de nombreux émigrants allemands firent le voyage vers le Nouveau Monde, accompagnés de leur animal.

La situation changea drastiquement après la Première Guerre Mondiale, lorsque le sentiment antigermanique était au plus fort. Aux États-Unis, la race fut renommée Eskimo Américain en 1917, tandis qu'en Europe elle connut un fort déclin, qui ne commença à s'inverser qu'à partir des années 60, suite à sa reconnaissance en 1957 par la Fédération Cynologique Internationale (FCI), qui regroupe les associations nationales de plus de 100 pays, dont la Belgique, la France et la Suisse.

La FCI considère que le Keeshond et le Loulou de Poméranie sont des variétés de Spitz Allemand, en sus des trois autres (le Grand Spitz Allemand, le Spitz Allemand Moyen et le Petit Spitz Allemand). Ce faisant, elle adopte un point de vue différent de nombreuses associations comme l'American Kennel Club (AKC), l'United Kennel Club (UKC), le Kennel Club britannique (KC) ou encore le Club Canin Canadien (CCC) : pour ces organismes, le Keeshond et le Loulou de Poméranie sont des races à part entière, distinctes du Spitz Allemand.

En Amérique du Nord, le Spitz Allemand a longtemps été assimilé à l'Eskimo Américain : à la base, il s'agissait du même chien, connu simplement sous un nom différent depuis 1917. Toutefois, depuis 1996 l'American Kennel Club (AKC) le reconnaît à titre provisoire et autorise son enregistrement. L'United Kennel Club

(UKC) a lui aussi reconnu la race en 2006. En revanche, le Club Canin Canadien (CCC) n'a pas suivi ses voisins : il continue de ne reconnaître que l'Eskimo Américain.

En Angleterre, le prestigieux et influent Kennel Club (KC) reconnaît le Petit Spitz Allemand et le Spitz Allemand Moyen, mais pas le Grand Spitz Allemand.

SON APPARENCE

Facilement reconnaissable à sa fourrure gonflée et son opulente collerette, le Spitz Allemand présente tous les traits caractéristiques de la famille des spitz : aspect général proche de son ancêtre le loup, tête lupoïde, museau pointu, oreilles relevées, queue touffue qui vient s'enrouler sur le dos…

Il se distingue par une très grande diversité en termes de taille. En effet, même si on exclut le très grand Keeshond et le tout petit Loulou de Poméranie pour les considérer comme des races distinctes, il reste trois variétés dont la hauteur au garrot varie du simple au double :

- le Grand Spitz Allemand : 40 cm à 50 cm ;

- le Spitz Allemand Moyen : 30 cm à 40 cm ;
- le Petit Spitz Allemand : 24 cm à 30 cm.

Ces variétés ne se distinguent que par leur taille : pour le reste, leurs caractéristiques physiques sont en tous points similaires.

Le corps carré du Spitz Allemand est bâti autour d'un poitrail large et profond ainsi que d'un dos court et bien droit. Les pattes possèdent une ossature robuste, sont particulièrement bien musclées et se terminent par de tout petits pieds ronds, aux ongles et coussinets bien foncés.

La queue, très touffue, est attachée haut et s'enroule sur le dos, sur lequel elle s'appuie. Certains individus arborent même une deuxième boucle à l'extrémité de la queue.

La tête est en forme de triangle, avec un crâne assez large et un stop bien marqué. Les oreilles, petites et pointues, sont toujours portées bien dressées. Les yeux, de taille moyenne et en amande, sont de couleur foncée (et plus précisément marron si la robe est marron). Le museau, assez court, ne doit pas être pointu et se termine par une petite truffe ronde et noire (ou marron pour les sujets à robe marron).

Le pelage du Spitz Allemand est emblématique de la race. Quelle que soit la variété, un sous-poil ferme, épais, cotonneux et très dense fait que le poil de couverture, assez long, se redresse et donne l'impression que ce chien est en permanence gonflé. Il est plus court au niveau de la tête et de la face antérieure des pattes, mais forme en revanche une crinière abondante au niveau du cou et des épaules. La queue est elle aussi particulièrement touffue.

Qu'il s'agisse du Grand, du Moyen et du Petit Spitz Allemand, de nombreuses couleurs de robe sont acceptées, ce qui est peu commun pour une race de chien de type spitz : blanc, noir, marron, orange, gris, crème, zibeline, noir et feu ou panaché. Les robes unies sont les plus répandues et les plus recherchées, le blanc étant la couleur la plus populaire, suivie du noir puis du marron. Les individus panachés, dont le fond de robe est blanc avec des tâches noires, marron ou grises, sont les moins appréciés des professionnels et du public.

Enfin, le dimorphisme sexuel est peu marqué : les mâles et les femelles ont une constitution similaire et un gabarit proche.

VARIÉTÉS

La Fédération Cynologique Internationale (FCI), qui coordonne les associations nationales de plus d'une centaine de pays (dont la Société Centrale Canine en France, la Société Royale

Saint-Hubert en Belgique et la Société Cynologique Suisse), considère que le Spitz Allemand est une seule et unique race se déclinant en 5 variétés, qui se différencient par leur gabarit :

- le Spitz-Loup, ou Keeshond, dont la hauteur au garrot se situe entre 43 et 55 cm ;
- le Grand Spitz Allemand, qui atteint entre 40 et 50 cm ;
- le Spitz Allemand Moyen, qui toise de 30 à 40 cm ;
- le Petit Spitz Allemand, qui mesure entre 24 et 30 cm ;
- le Spitz Nain, ou Loulou de Poméranie, qui ne dépasse pas 18 à 24 cm.

Cependant, le plus grand (Keehond) et le plus petit (Loulou de Poméranie) ont droit à leur propre standard.

Certains organismes de référence font d'ailleurs le choix de considérer ces derniers comme des races à part entière. C'est notamment la position du Kennel Club (KC) britannique et de l'American Kennel Club (AKC), qui est reprise notamment par le Club Canin Canadien (CCC).

Pour toutes ces associations, le Keeshond et le Loulou de Poméranie sont des races bien distinctes, ayant leur propre standard et aucun lien entre elles.

Pour les associations d'Amérique du Nord (AKC, UKC, CCC) les chiens de type Spitz Allemand ayant une taille allant de 24 cm à 43 cm — c'est-à-dire plus grand que le Loulou de Poméranie mais plus petit que le Keeshond — sont considérés comme des Eskimos Américains, nom donné en Amérique du Nord au Spitz Allemand depuis 1917, et aujourd'hui race à part entière.

SON CARACTÈRE

Incroyablement attaché à son maître et à sa famille, avec laquelle il souhaite passer tout son temps, le Spitz Allemand n'aime pas être seul et n'hésite pas à le faire savoir s'il se trouve délaissé. Il peut apprendre à rester calmement à la maison pendant que sa famille travaille la journée, surtout s'il a des jouets — ou, encore mieux, un petit compagnon — pour s'occuper, mais risque d'aboyer et de mordiller tout ce qui lui passe sous les crocs s'il se retrouve abandonné pendant un week-end entier. Mieux vaut donc l'emmener si cela est possible : tant qu'il est avec sa famille, ce chien ne pose pas de problèmes dans un nouvel environnement.

Malgré sa proximité avec ses humains, il n'est pas le meilleur choix pour les familles ayant des enfants en bas âge. En effet, peu patient et tolérant, il a tôt fait de répondre par une morsure à ce qu'il considère comme un mauvais traitement. Autrement dit, un accident est vite arrivé avec un jeune enfant qui ne peut s'empêcher de lui tirer la queue ou qui a du mal à assimiler que cette « boule de poils » n'est pas une peluche, mais bel et bien un être vivant qui doit être traité et manipulé avec respect. En tout état de cause, les interactions entre un chien et un tout-petit doivent impérativement se faire en présence d'un adulte responsable, et ce quelle que soit la race de l'animal.

Par ailleurs, l'attachement du Spitz Allemand aux humains se cantonne à ceux qu'il connaît : il se montre au contraire très méfiant à l'égard des étrangers. Il ne se prive pas d'aboyer pour signaler qu'un inconnu approche, et même si ce dernier est invité à entrer par ses maîtres, il n'est pas particulièrement hospitalier. Ainsi, certains continuent à aboyer pour faire comprendre à la personne qu'elle n'est pas la bienvenue, tandis que d'autres choisissent de se retirer dans une autre pièce pour montrer qu'ils n'apprécient pas cette présence.

En revanche, le Spitz Allemand est plutôt sociable avec ses congénères et les représentants d'autres espèces, surtout ceux avec qui il serait amené à partager son foyer. Toutefois, il est recommandé de ne pas tenter le diable : si la cohabitation avec un chat a toutes les chances de bien se passer, le risque d'accident n'est pas nul avec un animal de plus petite taille comme une souris ou un oiseau.

Le Spitz Allemand est plein d'énergie et très vif, mais n'a pas pour autant un besoin d'activité particulièrement conséquent, même s'il apprécie d'avoir quelques jouets pour se divertir. Dès lors qu'il est à même de se dépenser en courant à droite à gauche dans la maison, une promenade quotidienne de 30 minutes environ est suffisante pour qu'il puisse se dégourdir les pattes, avec ou sans laisse selon les risques inhérents à son lieu de promenade : il peut sans problème évoluer librement dans un parc peu peuplé ou bien sûr en pleine nature, mais doit être tenu en laisse sur un trottoir bondé ou à proximité d'un axe emprunté par de nombreux véhicules. Il apprécie de plus longues balades, mais uniquement dans une certaine mesure : son endurance est limitée, et il n'est clairement pas adapté pour un maître qui voudrait emmener son compagnon lors de ses joggings et longues randonnées.

Par ailleurs, il peut parfaitement vivre en extérieur, car sa fourrure longue et épaisse n'est pas seulement esthétique, mais le protège aussi parfaitement des conditions climatiques difficiles. Toutefois, son besoin de passer du temps avec sa famille fait qu'il est bien plus heureux à l'intérieur, aux côtés des siens. Sous réserve d'être suffisamment sorti tous les jours, il est d'ailleurs tout à fait adapté à la vie en appartement. Si au contraire il vit dans une maison avec jardin, il n'a pas forcément besoin que ce dernier soit particulièrement vaste pour apprécier d'y passer du temps.

En revanche, le fait qu'il aime aboyer peut être source de tensions avec le voisinage. Cette qualité en fait un très bon chien d'alerte, mais un mauvais voisin.

Enfin, le Spitz Allemand n'est pas vraiment recommandé aux novices, car son caractère têtu et dominant se combine à son intelligence pour faire qu'il ne se prive pas de tester les limites, et prend vite le contrôle d'une famille ne sachant pas établir une hiérarchie claire. De fait, les choses ne sont pas forcément acquises avec lui : son maître doit être capable de lui rappeler constamment sa place si besoin est. Néanmoins, dès lors que ce dernier sait y faire, il a alors un très beau potentiel à exploiter : ce chien a d'indéniables capacités, qui s'expriment par exemple à merveille dans des sports canins comme le flyball, l'agility ou l'obéissance.

SA SANTÉ

Le Spitz Allemand est une race particulièrement robuste, et jouit d'une longévité de 12 à 16 ans.

Il est en outre parfaitement protégé du froid et des intempéries par son dense pelage. En revanche, il est moins heureux lorsque le thermomètre grimpe : pendant les chaleurs de l'été, il doit disposer d'un endroit ombragé se reposer, voire être gardé au frais en intérieur durant les heures les plus chaudes en cas de canicule.

Même s'il est généralement en bonne santé, certaines maladies ont une prévalence plus importante chez cette race :

- la luxation patellaire, qui se produit
  lorsque la rotule sort de son empla-
  cement, avec à la clef des douleurs
  et boitements plus ou moins pro-
  noncés. Souvent congénitale et
  potentiellement héréditaire, elle né-
  cessite une intervention
  chirurgicale dans les cas les plus
  graves ;

- l'épilepsie, une maladie chronique
  du système nerveux qui a souvent
  une origine héréditaire. Elle pro-
  voque des crises convulsives parfois
  impressionnantes, dont la fréquence
  et l'intensité peuvent toutefois être
  réduites à l'aide de médicaments.
  Ainsi, la plupart des sujets touchés
  parviennent à mener une vie quasi
  normale ;

- le collapsus trachéal, un problème
  dû à une diminution de l'ouverture
  de la trachée. Il est à l'origine de
  quintes de toux et de difficultés importantes pour respirer dans les cas
  les plus graves. Ces derniers peuvent aller jusqu'à nécessiter une
  intervention chirurgicale ;

- l'atrophie progressive de la rétine,
  une dégénérescence des cellules de
  l'œil incurable et d'origine héréditaire. Elle est responsable d'une
  perte de la vue nocturne, puis
  diurne, entraînant donc de manière
  irrémédiable une cécité totale ;

Une étude réalisée en 2004 par le Kennel Club
et la British Small Animal Veterinary Association confirme la bonne santé générale de cette
race : à l'origine d'un quart des décès étudiés,

l'âge avancé est la première cause de mortalité. Suivent le cancer, les problèmes cardiaques et les troubles neurologiques, chacun en cause dans environ 15 % des cas.

Il n'en reste pas moins pertinent de chercher à diminuer le risque d'adopter un chiot en mauvaise santé ou présentant des prédispositions génétiques à certaines maladies. Le meilleur moyen d'y parvenir est de se tourner vers un éleveur de Spitz Allemand sérieux et responsable. En effet, un professionnel digne de ce nom prend soin de faire effectuer systématiquement des tests génétiques sur les reproducteurs envisagés, afin d'écarter individus qui risqueraient de transmettre une tare héréditaire à leurs descendants. Il doit donc être en mesure de présenter les résultats desdits tests, en plus d'un certificat de bonne santé signé par un vétérinaire et d'un carnet de vaccination ou santé à jour, permettant de savoir exactement où en est le petit dans ses vaccins.

En outre, parce que la bonne santé mentale de ce dernier est tout aussi importante, il a à cœur d'offrir non seulement un cadre de vie de qualité à ses chiens et à leur progéniture, mais aussi de sociabiliser convenablement les chiots, en leur permettant de passer du temps aussi bien avec des congénères qu'avec des humains.

Une fois l'adoption effectuée, c'est au maître qu'il revient de tout faire pour garder son chien en bonne santé. Les premiers mois sont particulièrement cruciaux : l'animal a alors besoin de beaucoup de repos pour se développer correctement tant physiquement que mentalement. En outre, il est alors particulièrement fragile : les efforts trop intenses ou prolongés sont à proscrire tout au long de cette période, afin de ne pas causer de blessures voire de dommages irréversibles à ses os et articulations.

Par ailleurs, le maître doit veiller à renouveler les traitements antiparasitaires de son compagnon tout au long de la vie de celui-ci. Il lui faut aussi l'emmener au moins une fois par an chez le vétérinaire pour un bilan de santé complet : cela permet de détecter au plus tôt d'éventuels problèmes, et potentiellement d'agir avant que ces derniers ne s'aggravent. Ce rendez-vous offre aussi l'occasion de faire effectuer les éventuels rappels de vaccins nécessaires.

SA POPULARITÉ DANS LE MONDE

Populaire dans son pays d'origine, le Spitz Allemand remporte aussi un succès incroyable en France depuis le milieu des années 2000. En effet, alors que depuis la fin des années 70 le nombre d'enregistrements annuels auprès du Livre des Origines Français (LOF) oscillait entre 500 et 600 par an, il se mit à grimper en flèche, au point de dépasser le millier au début des années 2010 et même les 3000 à la fin de la décennie.

Toutefois, ce chiffre brut est à prendre avec des pincettes, car sous cette appellation de Spitz Allemand, ce sont bien les 5 variétés reconnues par la FCI qui sont comptabilisées, Keeshond et Loulou de Poméranie inclus.

Il est en revanche beaucoup moins commun dans les autres pays. Ainsi, les enregistrements auprès du Kennel Club (KC) britannique sont passés de près de 250 à la fin des années 2000 à un peu plus de 100 à la fin des années 2010.

Aux États-Unis, bien qu'il puisse être enregistré auprès de l'AKC depuis 1996, ses effectifs n'ont toujours pas atteint le minimum requis pour prétendre à la reconnaissance définitive comme race.

SES DIFFÉRENTS USAGES

Sous ses différentes tailles et appellations locales, le Spitz Allemand a eu de nombreuses fonctions auprès des hommes depuis au moins le 15e siècle. Il s'illustra ainsi comme chien de berger conduisant les troupeaux de moutons, chasseur poursuivant les lapins, gardien des réserves de nourriture mettant en fuite rats et souris, ou encore vigie trônant sur le tas de fumier pour mieux apercevoir les inconnus en approche et alerter bruyamment de leur venue.

Cette dernière fonction lui valut d'ailleurs le surnom de Mistbeller dans son pays d'origine, ce qui pourrait être traduit par « aboyeur du tas de fumier ».

À partir du 19ᵉ siècle, il se fit une place auprès de l'aristocratie en tant que chien de compagnie, qui appréciait particulièrement les individus de petite taille. Son apparence lui permit également de devenir un quasi-incontournable des expositions canines, ces concours de beauté pour chiens.

De nos jours, il peut aussi se montrer très performant dans différents sports canins comme l'agility, le flyball ou l'obéissance, mais son endurance limitée n'en fait pas le meilleur partenaire de jogging pour un maître sportif, bien qu'il apprécie de longues promenades tranquilles.

Sa méfiance naturelle en fait aussi un excellent chien d'alerte, qui donne de la voix dès qu'un inconnu s'approche de son territoire.

Cela dit, c'est surtout en tant qu'animal de compagnie et chien de concours qu'il trouve aujourd'hui sa place auprès des familles.

Son apparence lui garantit un certain succès lors de tels évènements, mais tout adoptant potentiel doit garder en tête que ce chien a un fort caractère : plutôt têtu et dominant, il a besoin d'un maître ferme, et n'est pas conseillé aux novices.

ÉDUQUER SON SPITZ ALLEMAND

Comme pour tout chien, la socialisation du Spitz Allemand doit commencer dès son plus jeune âge, alors qu'il est encore chez l'éleveur, puis continuer dans son nouveau foyer. Cette phase est extrêmement importante pour son bien-être en tant qu'adulte, en lui permettant de vivre toutes sortes d'expériences et situations, ainsi que de s'habituer à différents environnements. Elle lui offre aussi l'occasion de faire la connaissance de nombreux humains et animaux, qu'il s'agisse de congénères ou de chats. Cela n'en fera proba-blement pas le plus sociable des chiens, mais peut à tout le moins éviter qu'il ne soit trop hostile à l'encontre des inconnus.

Par ailleurs, il est important de le « cadrer » dès son arrivée dans le foyer. En effet, ce chien est généralement têtu et doté d'un caractère dominant qui le pousse à vouloir prendre le dessus dès qu'il sent une certaine faiblesse. Son maître doit donc s'affirmer comme un chef de meute ferme et efficace dès les débuts, et ne jamais se départir de la ligne directrice imposée. Ainsi, il est important que l'ensemble des membres du foyer soient au clair sur les règles à faire respecter dès l'arrivée du chien à la maison, et les fassent appliquer de manière uniforme par la suite. Il ne saurait être question qu'un comportement interdit dans telle circonstance ou par telle personne de la famille soit en revanche accepté dans telle autre circonstance ou par telle autre personne.

Par ailleurs, dans la mesure où le Spitz Allemand est une race de chien qui aboie beaucoup, il est utile de lui apprendre dès son plus jeune âge à ne pas aboyer au moindre bruit suspect, surtout s'il vit en ville. Il est également important de parvenir à ce qu'il cesse net dès qu'on le lui demande.

Enfin, son intelligence le rend capable d'apprendre de nombreux tours et d'obtenir de très bons résultats dans des sports canins comme le flyball, l'agility ou l'obéissance, dès lors bien sûr qu'il est mis entre de bonnes mains. Le meilleur moyen de tirer le meilleur parti de ses capacités est une éducation basée sur le renforcement positif, qui conforte le maître dans sa position de leader capable de pourvoir aux besoins du chien et fournit une réelle motivation à l'animal, étant donné qu'il apprécie toujours quelques friandises.

NOURRIR SON SPITZ ALLEMAND

Peu difficile en termes d'alimentation, le Spitz Allemand peut être nourri avec les produits industriels pour chien que l'on trouve dans le commerce. Il convient simplement d'en choisir qui soient de bonne qualité, lui apportent tous les nutriments dont il a besoin et pour cela soient adaptés à son âge, son niveau d'activité et son gabarit.

Ce dernier point est évidemment déterminant. En effet, les besoins alimentaires d'un Grand Spitz Allemand sont totalement différents de ceux d'un Petit Spitz Allemand : la nourriture donnée doit être adaptée à la variété, tant au niveau des quantités que de la qualité.

Quoi qu'il en soit, il est recommandé de répartir sa ration quotidienne en deux repas, et de les servir à heures fixes. Ceci lui permet de constater que son maître pourvoit à ses besoins de manière fiable et régulière, ce qui contribue à ce qu'il le reconnaisse bien comme chef de meute, lui qui justement peut avoir du mal avec l'autorité. En outre, cela évite qu'il quémande pendant la journée, puisqu'il sait alors qu'un autre repas l'attend plus tard.

En revanche, et cela vaut d'ailleurs pour n'importe quelle race, il n'est pas conseillé de donner à son chien des restes de table. En effet, au-delà du risque d'instituer de mauvaises habitudes, il y a peu de chances que ceux-ci correspondent bien à ses besoins nutritionnels. Sans même parler des aliments appréciés par l'Homme mais qui s'avèrent carrément toxiques pour son meilleur ami…

Comme tout chien, s'il consomme plus de calories qu'il n'en dépense, le Spitz Allemand prend du poids. L'obésité pouvant causer ou aggraver différents problèmes de santé, il est indispensable de peser son chien tous les mois afin d'être en mesure de réagir en cas de dérapage. En effet, une variation importante qui se confirme voire s'amplifie lors de plusieurs mesures d'affilée doit déclencher une visite chez le vétérinaire, seule personne à même d'en évaluer la cause (mauvaise alimentation, traitement médicamenteux, maladie…) et de proposer des solutions.

Enfin, ce chien doit comme n'importe lequel de ses congénères toujours avoir accès à une gamelle d'eau fraîche, pour pouvoir se désaltérer à sa guise.

PRENDRE SOIN DE SON SPITZ ALLEMAND

Comme le laisse supposer sa belle fourrure, l'entretien du pelage d'un Spitz Allemand demande un certain effort. En effet, quelle que soit la taille de l'animal, il doit être brossé 2 ou 3 fois par semaine pour éliminer les poils morts et éviter que des nœuds se forment. Lors de ses mues saisonnières, au printemps et à l'automne, la chute de poil se fait plus abondante : un brossage quotidien devient vite nécessaire pour ne pas retrouver des poils partout dans la maison.

Il est également nécessaire de lui donner un bain tous les 1 à 3 mois, en fonction de son niveau d'activité et son mode de vie. Il n'est nul besoin de faire appel à un professionnel pour cette opération, mais il est en revanche absolument nécessaire d'utiliser un shampooing doux prévu spécifiquement pour les chiens, afin de ne pas abîmer sa peau.

Par ailleurs, ses oreilles doivent être inspectées chaque semaine et nettoyées à l'aide d'un chiffon, pour éviter toute accumulation de saleté susceptible de causer une infection.

Cette séance hebdomadaire est aussi l'occasion de vérifier les yeux, et de les nettoyer avec un tissu humide si besoin est.

Comme pour tout chien, les dents du Spitz Allemand doivent être brossées régulièrement afin d'éviter l'accumulation de plaque dentaire et la formation de tartre, source de nombreux problèmes bucco-dentaires : mauvaise haleine, caries… Il faut s'en occuper au minimum une fois par semaine, en utilisant systématiquement un dentifrice prévu pour la gent canine.

Quant à ses griffes, elles se distinguent par leur résistance, si bien que l'usure naturelle est rarement suffisante : il est généralement indispensable de les tailler environ une fois par mois à l'aide d'un coupe-ongle, afin d'éviter qu'elles ne deviennent trop longues et finissent par se casser, voire le blessent. En tout état de cause, dès lors qu'on perçoit un bruit de cliquetis lorsqu'il marche sur une surface dure, c'est qu'elles sont effectivement devenues trop longues et doivent être coupées.

Aucun des gestes requis pour prendre soin d'un Spitz Allemand n'est particulièrement complexe. Néanmoins, bien les maîtriser permet à la fois d'être efficace, mais aussi d'éviter de faire mal à son compagnon — voire potentiellement le blesser et le traumatiser. Il est donc recommandé de les apprendre la première fois aux côtés d'un professionnel, toiletteur ou vétérinaire. En tout cas, il ne faut pas attendre pour s'y mettre : plus l'animal y est habitué dès son plus jeune âge, moins les séances d'entretien risquent de poser des difficultés tout au long de sa vie.

COUT D'UN SPITZ AL-
LEMAND

Le prix d'un chiot Spitz Allemand varie grandement en fonction de la variété, les plus petites étant les plus chères. Ainsi, l'adoption coûte en moyenne :

- 2000 euros pour un Petit Spitz Allemand ;
- 1400 euros pour un Spitz Allemand Moyen ;
- 1200 euros pour un Grand Spitz Allemand.

Ces valeurs cachent toutefois de grandes disparités. En effet, s'il est possible de trouver un Grand Spitz Allemand pour 800 euros, le prix de certains Petit Spitz Allemand dépasse allègrement les 3000 euros. Par ailleurs, quelle que soit la taille, les femelles sont en général 10 % plus chères que les mâles.

Ces différences de prix importantes peuvent s'expliquer par le prestige de la lignée et/ou la réputation de l'élevage dont les chiots proviennent. Leurs caractéristiques propres, notamment sur le plan physique (c'est-à-dire leur plus ou moins grande proximité avec le standard de la race), jouent aussi grandement sur le montant demandé. C'est d'ailleurs ce qui explique des différences pouvant aller du simple au double à l'intérieur d'une même portée.

Au Canada, il n'existe pas d'éleveurs de Spitz Allemand, mais il est possible de trouver des Eskimos Américains pour environ 1000 dollars canadiens.

QUELQUES SPITZ AL-LEMAND CÉLÈBRES

À la fin du 18e siècle, la reine Charlotte (1744-1818), adopta deux Spitz Allemands nommés Phœbe et Mercury. Sa passion pour ces chiens la mena à en avoir plusieurs pendant son règne.

LE STANDARD DU SPITZ ALLEMAND

STANDARD FCI NUMÉRO :   97

DATE DE PUBLICATION :   13.12/19

ASPECT GÉNÉRAL :

Les Spitz séduisent par la beauté de leur four-rure gonflée par un abondant sous-poil. Le cou pourvu d'une opulente collerette en forme de cri-nière et la queue touffue portée fièrement sur le dos frappent tout particulièrement. Sa tête aux yeux vifs rappelant celle du renard et ses petites oreilles pointues rapprochées confèrent au Spitz son aspect impertinent caractéristique.

Le rapport entre la hauteur au garrot et la longueur du corps du chien est de 1 : 1. Le rapport entre la longueur du museau et la longueur du crâne est d'environ. 2 : 3.

Le Spitz allemand est toujours attentif, vif et extraordinairement attaché à son maître. Il est très réceptif et facile à éduquer. Sa méfiance innée envers les inconnus et l'absence de tout instinct de chasse font de lui un chien de compagnie et de famille idéal et un gardien idéal pour la maison en ville ou pour la ferme. Il n'est ni peureux ni agressif. Résistance aux intempéries, robustesse et longévité sont d'autres qualités qui le distinguent.

TÊTE

RÉGION CRÂNIENNE :

De grandeur moyenne, la tête du Spitz, vue de dessus, est la plus large dans sa partie postérieure et va en s'amenuisant en forme de coin jusqu'à la pointe du nez.

Stop : Modérément à bien marqué, jamais abrupt.

RÉGION FACIALE :

Truffe : Petite et ronde, elle est de couleur noire pure ; néanmoins marron foncé chez tous les Spitz marron.

Museau : Il n'est pas trop long, ni grossier ni pointu et bien proportionné par rapport au crâne (proportion env. de 2 : 3).

Lèvres : Les lèvres ne se recouvrent pas. Elles sont bien tendues et ne font pas de pli à la commissure. Leur pigmentation est noire, néan-moins marron chez tous les Spitz marron.

Mâchoires/dents : D'un développement nor-mal, les mâchoires présentent un articulé en ciseaux complets formés de 42 dents selon la for-mule dentaire du chien. Les incisives supérieures recouvrent en contact étroit les incisives infé-rieures, les dents étant implantées à l'équerre par rapport aux mâchoires. Puissants, les crocs s'em-boîtent parfaitement (canines). L'absence modérée de prémolaires est admise. Un articulé en pince est toléré.

Joues : Les joues sont délicatement arrondies sans être saillantes.

YEUX :

De grandeur moyenne, de forme légèrement en amande et en position un peu oblique, les yeux

sont de couleur foncée, et marron chez tous les
Spitz marron.

Les petites oreilles du Spitz sont attachées
haut, relativement proches l'une de l'autre, trian-
gulaires et pointues ; elles sont toujours portées
dressées avec une pointe bien rigide.

De longueur moyenne, le cou, large à l'inser-
tion entre les épaules, a une nuque légèrement
galbée. Sans fanon, il est couvert d'une collerette
en forme de crinière.

Ligne du dessus : Elle se prolonge après une
douce courbure dans le dos court et horizontal.

La queue touffue rabattue sur le dos dont elle couvre une partie parachève la silhouette.

Garrot : Le sommet du garrot va en diminuant de manière imperceptible.

Dos : Aussi court que possible, droit, ferme.

Rein : Court, large et puissant.

Croupe : La croupe est large, courte et non avalée.

Poitrine : La poitrine est profonde et bien bombée ; la région sternale est bien développée.

Ligne du dessous et ventre : La cage thoracique est développée aussi loin que possible vers l'arrière ; le ventre n'est que modérément relevé.

QUEUE :

Attachée haut et de longueur moyenne, la queue, très touffue, est dressée dès sa racine, rabattue vers l'avant et roulée sur le dos, sur lequel elle s'appuie fermement. Une double boucle à l'extrémité de la queue est acceptée.

MEMBRES ANTÉRIEURS :

Vue d'ensemble : Ils sont droits et le devant est plutôt large avec une ossature puissante.

Epaule : L'épaule est bien musclée et fermement attachée à la cage thoracique. L'omoplate est longue et oblique vers l'arrière.

Bras : D'une longueur à peu près identique à celle de l'omoplate, il forme avec cette dernière un angle d'environ 90°.

Coude : L'articulation du coude est solide, bien contre le thorax et tournée ni en dedans ni en dehors.

Avant-bras : De longueur moyenne, vigoureux en comparaison du tronc, parfaitement droit, sa face postérieure est bien garnie de franges.

Métacarpe : Le métacarpe, solide et de longueur moyenne, forme avec l'avant-bras un angle d'environ 20° par rapport à la verticale.

Pieds antérieurs : Les pieds antérieurs sont aussi petits que possible, ronds, avec des doigts serrés et bien cambrés appelés pieds de chat. La couleur des ongles et des coussinets est aussi foncée que possible.

MEMBRES POSTÉRIEURS :

Vue d'ensemble : Les membres postérieurs sont très musclés et portent jusqu'au jarret des culottes abondantes. Les postérieurs sont droits et parallèles.

Cuisse et jambe : La cuisse et la jambe sont approximativement de même longueur.

Grasset (genou) : L'articulation du grasset n'est que modérément angulée ; elle est solide et, dans le mouvement, ne se déporte ni vers l'intérieur ni vers l'extérieur.

Tarse/Jarret : De longueur moyenne, le tarse, très robuste, est perpendiculaire au sol.

Pieds postérieurs : Les pieds postérieurs sont aussi petits que possible, ronds, avec des doigts serrés et bien cambrés appelés pieds de chat. Les coussinets sont résistants. La couleur des ongles et des coussinets est aussi foncée que possible.

ALLURES :

Par l'effet d'une bonne impulsion le mouvement des Spitz allemands est coulant et élastique.

PEAU :

La peau, bien adhérente au corps, ne forme aucun pli.

ROBE

Qualité du poil :

Les grands, moyens et petits Spitz allemands
ont un poil double : un poil de couverture long,
droit et écarté et un sous poil ferme et court, épais
et ouaté. La tête, les oreilles, les faces antérieures
des membres antérieurs et postérieurs et les pieds
ont un poil court et dense (velouté) ; le reste du
corps a un poil long et abondant. Ni ondulé, ni
bouclé, ni hirsute, il ne forme pas de raie sur le
dos. Le cou et les épaules sont couverts d'une
abondante crinière. Les faces postérieures des
membres antérieurs sont bien garnies de franges,
les membres postérieurs présentent de la croupe

au jarret une culotte opulente et la queue est touffue. Le modelage du poil n'est pas visible.

Grand Spitz allemand : blanc, noir, marron Les taches blanches à la poitrine, aux pieds et au bout de la queue sont tolérées chez les grands Spitz noirs et marrons.

Spitz moyen allemand : Blanc, noir, marron, orange, gris ombré, autre couleur.

Petit Spitz allemand : blanc, noir, marron, orange, gris ombré, autre couleur.

Spitz blanc : La robe doit être d'un blanc pur. On tolère les nuances jaunâtres souvent appa-rentes sur les oreilles.

Spitz noir : Pour la robe du Spitz noir, le sous-poil et la peau doivent être également de couleur foncée. En surface, la couleur est d'un noir laqué sans trace ni taches blanches ou d'une autre couleur.

Spitz marron : La robe du Spitz marron doit être marron foncé également réparti et uniforme.

Spitz orange : La robe du Spitz orange doit être également répartie et uniforme dans une nuance moyenne. Les zones plus claires au niveau de la poitrine, de la queue et de la culotte sont tolérées.

Spitz gris loup : Le gris-loup est un gris argenté charbonné (avec du noir à l'extrémité des poils). Le museau et les oreilles sont foncés. Autour des yeux il y a un dessin en « branche de lunette » nettement marqué, formé d'une ligne noire délicatement dessinée allant en biais de l'angle externe de l'œil au point d'attache inférieur de l'oreille, associé à des hachures nettes et des dégradés ombrés formant des sourcils courts et expressifs. La crinière et la région des épaules sont plus claires. Les membres antérieurs et postérieurs sont d'un gris argenté sans taches noires au-dessous des coudes et des genoux, à l'exception de légères stries sur les doigts. La pointe de la queue est noire, la face inférieure de la queue et les culottes sont d'un gris argenté clair.

Spitz d'autres couleurs : Sous cette dénomination « autres couleurs » figurent les robes de toutes les autres teintes : crème, crème zibeline, orange zibeline, noir et feu, panaché. Les chiens panachés doivent avoir un fond de robe blanc et les taches de couleur noire, brune, grise ou orange doivent être réparties sur tout le corps.

Tout écart par rapport à ce qui précède doit être considéré comme un défaut qui sera pénalisé en fonction de sa gravité et de ses conséquences sur la santé et le bien-être du chien.

DÉFAUTS GRAVES :

- Défauts de construction.
- Tête trop plate.
- Tête en forme de pomme accusée.
- Truffe, paupières et lèvres de couleur chair (ladre).
- Défaut de denture, absence de dents.
- Yeux trop grands ou trop clairs.
- Yeux proéminents.
- Absence du dessin caractéristique de la face chez les Spitz petits et moyens gris loup
- Allures défectueuses.

• Chien agressif ou chien peureux.

• Tout chien présentant de façon évidente des anomalies d'ordre physique ou comportemental.

• Persistance de la fontanelle.

• Prognathisme supérieur ou inférieur, occlusion croisée

• Entropion ou ectropion.

• Oreilles dressées partiellement

• Petites taches ou marques blanches bien visibles chez tous les spitz qui ne sont pas blancs à l'exception des grands Spitzs.

• Variantes de couleur qui ne sont pas dans la liste.

Publié par

Nature & Santé